Wenn ich will,
schalte ich aus

Adlerauge

Schmerz,
lass nach

Guten Morgen,
gute Nacht

Mir gehts gut!
Mein Gesund-und-munter-Buch
SPIELEN & LERNEN
Band 9
Velber-Verlag

Konzept und Text: Astrid Hille & Dina Schäfer
Illustrationen: Antje Bohnstedt
Layout: Anja Schmidt
Repro: Baun PrePress, Fellbach
Druck und Bindung: Proost, Belgien
ISBN 3-86613-298-0

velber

SPIELEN & LERNEN

Mir gehts gut!

Mein Gesund-und-munter-Buch

Astrid Hille & Dina Schäfer
Antje Bohnstedt

Eichhörnchen und Bär

Das kleine Eichhörnchen lief flink durch den Wald und sammelte Nüsse für den Wintervorrat. Die brachte es zu einem geheimen Versteck unter den Wurzeln einer knorrigen Eiche und huschte sofort wieder los, um noch mehr Nüsse zu suchen.
Als das Eichhörnchen wieder einmal mit neuen Nüssen zur Eiche kam, saß dort ein Bär und starrte nach oben in die Baumkrone.
„Hallo Bär“, sagte das Eichhörnchen freundlich. „Du sitzt auf meinem Wintervorrat. Rutsch doch ein Stück zur Seite, damit ich die Nüsse hineinlegen kann.“
„Das geht nicht“, sagte der Bär langsam, ohne seinen Blick von der Baumkrone abzuwenden.
„Warum nicht?“, fragte das Eichhörnchen, dem von den schweren Nüssen langsam die Arme weh taten.
„Jch warte auf den Sturm“, antwortete der Bär und lehnte sich schlapp gegen den Stamm des Baumes.
„Aber es gibt heute keinen Sturm“, erwiderte das Eichhörnchen ungeduldig.
„Schade“, murmelte der Bär, schloss die Augen und gähnte. „Dann warte ich eben weiter.“
„Aber worauf?“, wollte das Eichhörnchen wissen.
„Dass das Bienennest von dort oben herunterfällt.“ Der Bär deutete mit seiner Tatze in die Baumkrone. „Jch will den Honig daraus naschen.“
„Und warum kletterst du nicht rauf und holst dir das Nest?“, rief das Eichhörnchen. „Bären können doch klettern.“
„Keine Lust, das ist mir viel zu anstrengend“, nuschelte der Bär verschlafen und klopfte sich auf den dicken Bauch. „Jch habe mir schon zu viel Winterspeck angefuttert. Jrgendwann kommt bestimmt ein Sturm, der das Nest herunterweht. Jch habe Zeit.“

„Aber ich nicht.“ Das Eichhörnchen seufzte und bettelte: „Könntest du nicht wenigstens ein kleines Stück zur Seite rücken, damit ich meine Nüsse ablegen kann?“ Doch der Bär antwortete nicht. Er war eingeschlafen.

„Na warte“, schimpfte das Eichhörnchen, legte die Nüsse ins Laub und hüpfte flink den Baum hinauf.

Über dem Bienennest hängte es sich kopfüber an den Ast und begann zu nagen. ... Da löste sich das Nest, fiel in die Tiefe und landete genau auf dem Kopf des Bären. Hunderte Bienen strömten heraus und summten wütend um den Faulpelz herum.

„Da hast du dein Bienennest!“, feixte das Eichhörnchen und sah fröhlich zu, wie schnell der träge Bär auf einmal rennen konnte.

Sabine Streufert

Zirkus der Tiere

● Das Eichhörnchen in der Geschichte saust durch den Wald, sammelt Nüsse, bringt sie zum Versteck und gleich gehts weiter. Es ist ständig in Bewegung. Bewegung macht Spaß, nicht nur dem Eichhörnchen. Besonders lustig ist es, Bewegungen von Tieren nachzumachen.

• Baut mit Kissen oder Seilen eine möglichst große Zirkusmanege. Einer ist der Zirkusdirektor, einer spielt die Tiere. Bei der nächsten Vorstellung tauscht ihr die Rollen. Und jetzt: Manege frei!

• Der Zirkusdirektor ruft die Watschelente in die Manege. Sie streckt den Po weit nach hinten und die Nase neugierig nach vorn, die Arme lässt sie nach unten baumeln. So watschelt sie durch die Manege.

• Jn der zweiten Runde setzt ihr der Zirkusdirektor ein kleines Kissen auf den Rücken. Alle halten den Atem an. Ob sie die Runde schafft, ohne dass ihr Kissen herunterfällt? Zum Verbeugen macht sie den Rücken ganz rund, lässt den Kopf hängen und richtet sich dann ganz langsam auf.

- Nun fliegt ein Adler durchs Zirkuszelt. Er ist der König der Lüfte. Er hat riesige Flügel, sie heben und senken sich langsam und er zieht weite Kreise. Dann landet er in der Mitte der Manege auf einem großen Kissen und nickt einmal rundherum ins Publikum, bevor er wieder losfliegt.

- Ein Känguru kommt herein. Es springt auf beiden Beinen eine Runde durch die Manege, hüpft in die Mitte und dreht mit vielen kleinen Sprüngen eine Pirouette.

- Als Nächstes schleicht ein schwarzer Panter auf leisen Pfoten in das Zirkuszelt. Langsam streicht er am Rand der Manege entlang. Nach einer Runde begibt er sich in die Mitte. Dort liegen zwei große Kissen. Jetzt kommt der Höhepunkt der Aufführung. Mit weit ausgestreckten Vorderpfoten springt der Panter in einem riesigen Satz von einem Kissen zum anderen.

Bärig müde ...

● Jn der Geschichte ist der Bär träge und müde. Er hat keine Lust sich von der Stelle zu rühren. Nach einem turbulenten Tag kann es gut sein, sich zu entspannen. Wer sich oft schlapp fühlt und rumhängt, sollte etwas dagegen tun.

• Wie fühlt sich das an, wenn man so schlapp ist wie der Bär? Hol dir eine warme Decke und setz dich hin wie ein müder Bär. Lass Kopf, Schultern und Arme hängen, dein Rücken ist ganz rund. Jetzt legst du dich auf die Seite und rollst dich zusammen.
Du bist ganz schwer, aber Decke und Boden tragen dein Gewicht. So kannst du dich eine Weile ausruhen.

• Dann fängst du an, Finger und Hände zu bewegen, Arme und Beine auszustrecken, du räkelst dich und stehst langsam auf.

... oder stark wie ein Baum

- Der Baum, an dem der Bär lehnt, ist stark und trotzt Wind und Wetter. Er ist fest in der Erde verwurzelt. Wie fühlt sich das an?

- Stell die Beine hüftbreit auseinander, die Fußsohlen sind fest auf dem Boden. Es ist Winter. Du stehst gerade, dann kommt ein Wind, der dich nach vorne, nach hinten und zur Seite pustet. Aber du bist ein starker Baum, der Wind kann dich nicht umwerfen. Die Fußsohlen bleiben auf dem Boden.

- Jetzt wird es wärmer, deine Äste fangen an zu wachsen. Hebe deine Arme und bewege sie in alle Richtungen, sie wollen zur Sonne wachsen.

- Jm Sommer steht der Baum in seiner ganzen Pracht da.

- Jm Herbst wirft er seine Blätter ab. Du schüttelst Arme und Beine locker aus.

Spargelbein und Kugelbauch

Heute Mittag bringt Nils seinen Freund Felix mit nach Hause.
„Mmh, riecht das lecker bei euch“, sagt Felix. „Jch hab riesigen Hunger.“
Am Tisch gibt Mama jedem einen Teller voll mit Nudeln und Soße. Felix spießt sofort ganz viele Nudeln auf die Gabel.

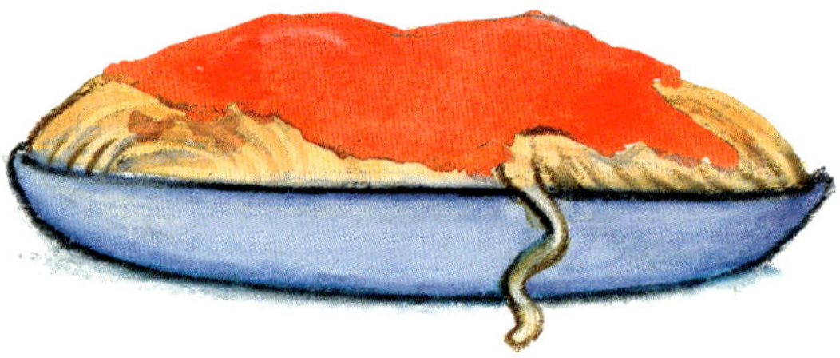

Aber Nils zieht einen Flunsch. „Jch mag die Soße nicht.“ Er stochert lustlos in seinem Essen herum, zieht hier und da eine Nudel ohne Soße heraus und schiebt sie sich in den Mund.
„Nicht schon wieder nörgeln, Nils. Nur wer richtig gegessen hat, kriegt hinterher noch ein Eis“, sagt Mama, die an der Spüle eine Pfanne abwäscht.
Felix wirft Nils einen verschwörerischen Blick zu. Dann nimmt er blitzschnell Nils' vollen Teller und schiebt ihm seinen leeren hin.

Jn Windeseile schaufelt Felix alles in sich hinein.
Als Mama sich umdreht sieht sie zwei leere Teller. „Na, so was. Jhr seid schon fertig? Sogar Nils hat aufgegessen. Wollt ihr noch mehr?“
Felix nickt begeistert und stößt Nils unterm Tisch mit dem Fuß an, bis der auch noch mal Nudeln verlangt.
Während Mama das Geschirr einräumt, futtert Felix in Nullkommanix den dritten Nudelberg weg und tauscht wieder seinen leeren Teller mit Nils' vollem.
Der starrt seinen Freund an. „Vier Portionen Nudeln“, flüstert er. „Da schaffst du doch kein Eis mehr, oder?“

„Und ob!“ Felix streicht sich über den Bauch. „Eis passt immer drauf.“ Die Mutter bringt das versprochene Dessert. „Ganz mit rechten Dingen ist es beim Essen aber nicht zugegangen, oder?“, fragt sie schmunzelnd.
Felix und Nils grinsen und verschwinden schnell im Garten. Mit dem Eis setzen sie sich in die Kinderstühle.
„Komm mit, ich zeig dir mein Vogelhäuschen“, sagt Nils und springt auf. Felix will auch aufstehen, aber er kommt nicht aus dem Stuhl raus.
„Jch sitze fest!“, ruft er. „Hilf mir.“
Nils zieht und zerrt an dem Stuhl, doch der bewegt sich nicht. Wie fest gewachsen hängt er an Felix’ Popo.
„Du bist zu dick, du Kugelbauch“, sagt Nils.
„Und du zu dünn, du hast ja überhaupt keine Kraft, du Spargelbein!“, ruft Felix. Gemeinsam schaffen sie es, Felix aus dem Stuhl zu befreien.
„Spargelbein und Kugelbauch sind ein tolles Team“, sagt Felix.
„Und zusammen geht ihr durch dick und dünn“, ruft Mama, die aus dem Fenster schaut und lacht.

Dina Schäfer

Bunt ist gesund

● Beim Mittagessen kann Felix nicht genug Nudeln bekommen. Obwohl er schon satt ist, futtert er noch Nils' Portionen auf. Und das so schnell, dass man es kaum glaubt.
Zu viel essen macht dick.
Zu wenig essen ist auch nicht gut. Dein Körper braucht Nahrung mit vielen Nährstoffen und Vitaminen, damit du gesund und fit bist.

• Wer viel Süßes und Fettes isst wie Schokolade und Kuchen, Pommes und Würstchen kann davon dick werden.
Welche Speisen, die du hier siehst, machen dick, wenn du zu viel davon isst? Male einen Einkaufskorb mit Dickmachern.

● Besonders gesund ist es, jeden Tag rotes, gelbes und grünes Obst oder Gemüse zu essen. Welches Obst und Gemüse magst du? Jst von jeder Farbe etwas dabei?

● Ganz wichtig beim Essen ist eine gute Mischung.

• Jhr könnt einen schönen Abendbrottisch decken. Jeder bekommt ein Platzbild mit Essensfeldern.

- Dann richtet ihr sechs Teller: einen Wurstteller, einen Teller mit Käse, einen mit Gurken und Salat, einen Tomaten-Paprika-Teller, einen Teller mit Brot und einen mit Früchten.
- Jeder Teller bekommt ein Schild mit einer Ziffer von eins bis sechs.
- Nun versucht ihr, von jedem Teller ein Häppchen zu erwürfeln. Wer eine Fünf würfelt, nimmt ein Obststückchen, bei einer Zwei eine Gurke und macht ein Kreuzchen auf dem Platzbild.
- Wenn jeder etwas auf seinem Teller hat, wünscht ihr euch guten Appetit und esst, dann gehts weiter ...
- Sind alle Kästchen der ersten Reihe ausgefüllt, hast du schon eine gesunde Mischung im Bauch und weißt genau, was und wie viel du gegessen hast.
- Wer zwei Runden hintereinander die gleiche Zahl würfelt, versucht es nochmal. Kommt keine neue Zahl, probiert ihr, mit einem anderen Spieler zu tauschen.
- Wer noch Hunger hat, beginnt mit der nächsten Reihe. Aber nur so lange essen, bis ihr satt seid.

Süße Träume

Jch liege in der Hängematte
und träum von rosa Zuckerwatte.
Ein Ober bringt mir von zu Hause
eisgekühlte Himbeerbrause,
Puddingberge, braun und weiß,
mit himmelblauem Sahneeis.
Zum Nachtisch bringt er Gummibärchen
und honigsüße Schweineöhrchen.
Am Abend dann Kartoffelchips
und eine Tüte Erdnussflips.
Rate mal, worin ich bade?
Jn herrlich warmer Schokolade.
Jch putz mir auch die Zähne
mit ganz viel Buttercreme ...
Schluss jetzt mit dem süßen Traum,
will Äpfel von dem grünen Baum.
Auch saure Gurken hol ich mir ...
Wovon träumst du
und was schmeckt dir?

Jogurteis

Nicht alles Süße ist ungesund. Hier ist ein Rezept für ein gesundes und leckeres Jogurteis.

Du brauchst:

- 300 Gramm Erdbeeren (oder Himbeeren; auch tiefgefroren)
- 1 Becher Sahne
- 2 Vollmilchjogurt
- 3 Esslöffel Honig

So gehts:

- Die Erdbeeren waschen und in feine Scheiben schneiden.
- Mit einer Gabel zu Mus zerdrücken.
- Die Sahne steif schlagen.
- Honig und Jogurt verrühren. Erdbeeren und Honigjogurt mischen.
- Zum Schluss die Sahne unterheben.
- Die Masse in einen Plastiktopf geben und einfrieren. Ab und zu umrühren, damit sich keine Eiskristalle bilden.

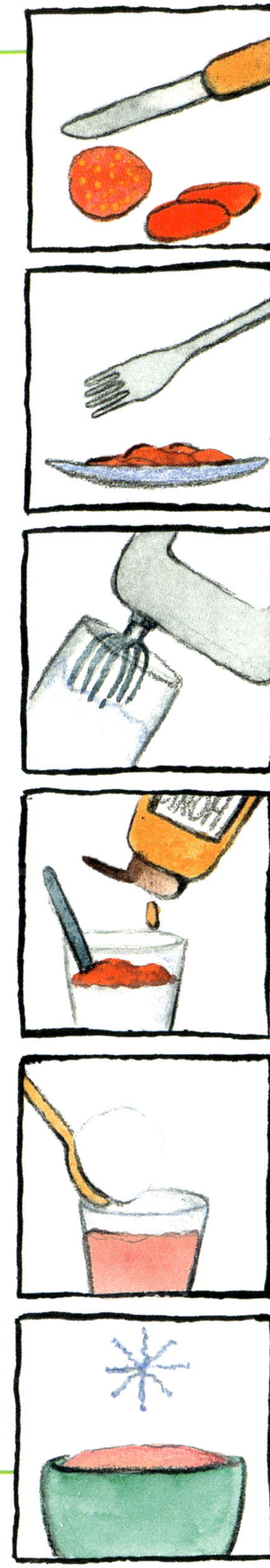

Guten Appetit!

Der Wackelzahn

Anja und Max dürfen im Garten ein Picknick machen.
„Lecker, Apfel mit Marmeladenbrot!“ Max freut sich und beißt erst einmal kräftig in den Apfel.
Anja sieht ein bisschen unglücklich aus. „Den Apfel kann ich gar nicht essen. Mein Zahn wackelt so, und wenn ich auf was Hartes beiße, dann tut das weh.“ Anja sitzt auf der Decke und spielt mit ihrer Zunge an dem Zahn rum. Sie will, dass er endlich rausfällt, doch sie hat auch ein wenig Angst davor.
„Mein erster Zahn ist schon letzte Woche rausgefallen“, erzählt Max. „Und nachts hat mir die Zahnfee dann Buntstifte gebracht. Jch wollte aber eigentlich Filzstifte.“
Anja sagt gar nichts. Sie schiebt dauernd ihren Wackelzahn hin und her.
Also plappert Max weiter: „Gestern wollte ich die Zahnfee beschummeln und hab einen Zahn aus weißer Knete

gebastelt und unters Kopfkissen gelegt. Der sah ganz echt aus."

„Und, hat sie dir was gebracht?", fragt Anja leise.

„Na ja, so halb. Am morgen lag eine Packung Filzstifte neben dem Kopfkissen. Aber sie war leer!"

„Für Schummelzähne gibts wohl nur Schummelpäckchen." Anja lacht ein bisschen und wackelt weiter an ihrem Zahn.

Max beobachtet sie. „Soll ich dir helfen? Warte, ich hole mein Werkzeug. Dann spielen wir Zahnarzt."

Er springt auf und läuft ins Haus. Mit Bohrer und Zange kommt er zurück. Anja ist gar nicht begeistert und hält sich mit beiden Händen den Mund ganz fest zu.

„Nee, das will ich nicht", brummelt sie hinter ihrer Hand, „da geh ich lieber zu Doktor Schulz. Der hat viel kleinere Zangen und Bohrer!"

„Dann eben nicht", sagt Max beleidigt, setzt sich wieder und nimmt sich noch einen Apfel.

Anja hat inzwischen einen Riesenhunger und beißt ein Eckchen vom Marmeladenbrot ab. Plötzlich spürt sie etwas Hartes im Mund und spuckt alles ganz schnell wieder aus.

„Pling", macht es da und Anjas Wackelzahn fällt auf den Teller!

Zuerst ist Anja erschrocken, aber dann freut sie sich. Und Max freut sich fast noch mehr, denn jetzt kann sich ja Anja die Filzstifte von der Zahnfee wünschen.

Eva Münnich

So viele Zähne

● Anja hat ihren ersten Zahn verloren. Darauf hat sie schon gewartet. Sie wird bald noch mehr Zähne verlieren. Denn wenn Kinder fünf oder sechs Jahre alt sind, fallen die Milchzähne aus, damit die zweiten Zähne nachwachsen können.

• Auf die Zähne muss man gut aufpassen und sie am besten dreimal am Tag nach dem Essen putzen. Sonst kann man Karies bekommen und in den Zähnen entstehen Löcher.

• Kannst du eine Geschichte zu den Bildern erzählen?

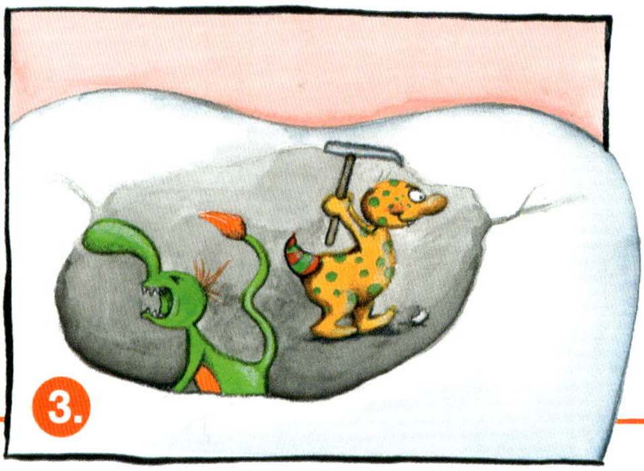

● Zähl mit deiner Zunge, wie viele Zähne du im Mund hast. Wenn du noch alle Milchzähne hast, müssten es zwanzig sein. Vielleicht hast du auch schon eine Zahnlücke oder neue Zähne sind nachgewachsen.

● Mit einem Taschenspiegel kannst du dir deine Zähne ganz genau anschauen. Sind deine Zähne gut geputzt oder findest du noch Müslireste, Nudelstückchen und Krümel zwischen den Zähnen?

● Du kannst einmal nach dem Essen Lebensmittelfarbe in wenig Wasser auflösen und den Mund damit spülen. Dann sieht man Speisereste besonders gut.
Du wirst staunen, wie viel da hängen geblieben ist. Der Zahnarzt hat Farbtabletten, die Zahnbelag und Speisereste sichtbar machen.

● Richtiges Zähneputzen kann man trainieren. **KAI** hilft dir dabei. Zuerst putzt du die **K**auflächen, dann die **A**ußenseiten und dann alle Innenseiten der Zähne.

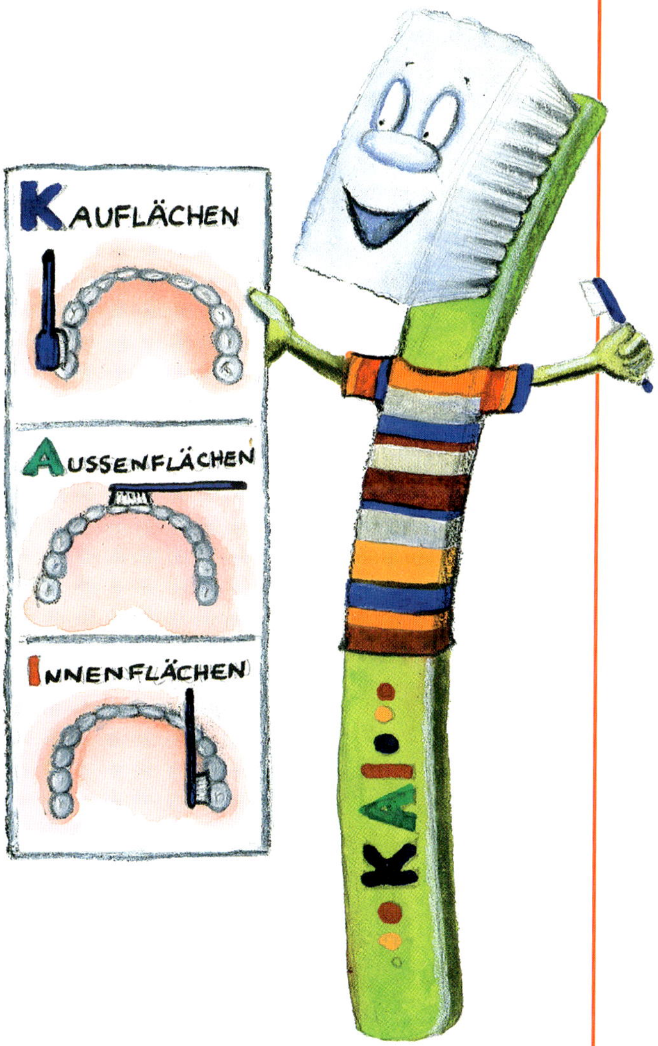

Wenn ich will, schalte ich aus

Der Fernsehgucker

Manchmal findet Pit seine große Schwester richtig nett. Doch wenn Nina mit Pit alleine ist, tut sie meistens ziemlich wichtig. So wie heute.
„Mama muss heute länger arbeiten“, sagt sie zu Pit. „Darum pass ich auf dich auf. Aber stör mich bloß nicht. Jch hab ‘ne Menge Schulaufgaben.“
„Jch kann ja ein bisschen fernsehen“, schlägt Pit zaghaft vor.
„Das würde dir so passen!“, schnaubt Nina. „Zuerst gehst du eine Stunde raus.“
Mürrisch knallt Pit die Haustür hinter sich zu. – Draußen spielt er Hubschrauber und rattert durch den Garten. Dann übt er Tore schießen und donnert lustlos seinen Fußball gegen die Hauswand. Heute findet er alles langweilig.
„Die Stunde ist bestimmt schon um“, brummt er. Stürmisch klingelt er an der Haustür. Als Nina öffnet, zwängt Pit sich an ihr vorbei, zieht seine Schuhe aus und rennt ins Wohnzimmer.
„Jetzt darf ich einschalten, oder?“, ruft er.
„Von mir aus“, sagt Nina und verschwindet in ihr Zimmer.

Heimlich holt Pit sich noch Gummibärchen aus dem Küchenschrank. Dann drückt er auf den Fernsehknopf. Auf dem Bildschirm erscheint eine Frau, die zeigt, wie man Popcorn macht. Das findet Pit doof. Jn einem anderen Programm tanzen zwei rosa Mäuse um einen Baum herum.
„Babykram!“, murmelt Pit und zappt mit der Fernbedienung weiter.
Oh, was ist das denn?
Ein Junge auf einem fliegenden Pferd wird von Außerirdischen verfolgt.
„Endlich was Spannendes!“, denkt Pit. Der Junge im Film treibt sein Pferd an, aber die Aliens sind ihnen dicht auf den Fersen. Aufgeregt schiebt Pit sich ein Gummibärchen nach dem anderen in den Mund. Jetzt kommt es zum Kampf, der Junge wird verletzt. Sein Bein ist voller Blut.

Pit hält den Atem an. Er merkt gar nicht, dass er ein Gummibärchen zwischen den Fingern zerquetscht. Dann wird es noch schlimmer. Ein gruseliges Monster taucht auf, stößt schreckliche Schreie aus und will das fliegende Pferd packen. Pit erstarrt. Da kommt Nina ins Wohnzimmer.
„Was guckst du denn da?“
Pit antwortet gar nicht und schaut nur gebannt auf den Fernseher. Der Junge im Film hat große Angst und versucht zu fliehen …
„Mach sofort die Glotze aus“, sagt Nina.
„Aber das Monster kommt, das Monster kommt.“ Pit hält sich die Augen zu.

„Solche Filme sind blöd!“, schimpft Nina und schaltet den Fernseher aus. Pit blinzelt durch seine Finger. „Jst das Monster weg?“, fragt er vorsichtig. „Ja, ich bin nämlich stärker als dein Monster. Jch habe eine Zauberwaffe“, sagt Nina grinsend und zeigt Pit die Fernbedienung.

Eva Karnetzky

Wenn ich will, schalte ich aus

Dein Fernsehprogramm

- Der Monsterfilm wurde immer unheimlicher. Pit wollte den Fernseher eigentlich ausschalten. Aber plötzlich hatte er das Gefühl, sich nicht bewegen zu dürfen, denn die Monster kamen immer näher. Pit merkte gar nicht mehr, dass es nur ein Film war. Er fühlte sich ein bisschen so wie der Junge auf dem fliegenden Pferd.

- Hast du beim Fernsehen auch schon mal so große Angst gehabt wie Pit? Warst du allein oder hat jemand mitgeschaut?

- Gemeinsam fernsehen ist schöner. Man kann sich an der Hand halten, über den Film sprechen und, wenn er zu gruselig ist oder einem nicht gefällt, einfach ausschalten. Auch ein lustiger Film bringt zu zweit mehr Spaß, denn zusammen lachen ist schöner als alleine lachen.

- Pits Schwester hat den Fernseher ausgeschaltet. Zum Glück! Aber wie ging der Film wohl aus? Konnten das fliegende Pferd und der Junge vor den Monstern fliehen? Du kannst die Geschichte mit Puppen und Kuscheltieren zu Ende spielen und dir andere Abenteuer mit dem Jungen und dem fliegenden Pferd ausdenken.

● Siehst du auch gern fern?
Welche Filme gefallen dir besonders?

● Damit es dir nicht so geht wie Pit und du aus Versehen in einen Film gerätst, den du gar nicht sehen magst, bastelst du dir eine eigene Fernsehzeitung.

Dafür überlegst du dir – am besten mit deinen Eltern –, welche Sendungen du die Woche über schauen magst. Trage dann deine Lieblingssendungen ein und male die Uhrzeit dazu.

• Versuche deinen Fernsehplan einzuhalten. Nicht einfach irgendwas weitergucken: Schalte aus, wenn die Sendung zu Ende ist.

● Willst du auch mal im Fernsehen sein? Dann bastle dir einen Fernseher und sei ein Schauspieler oder eine Nachrichtensprecherin. Oder mache Werbung. Schneide aus einem großen Karton ein Viereck aus. Und los gehts. Kuscheltiere, Freunde, Eltern oder Geschwister können deine Zuschauer sein.

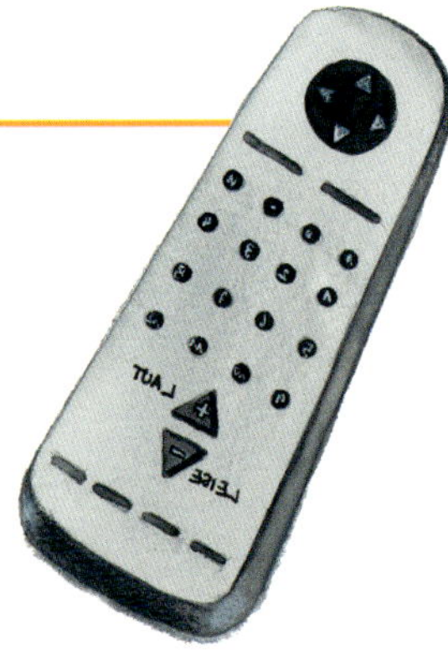

Zapper-Spiel

● Das Ausschalten fällt leichter, wenn man weiß, was man nach dem Fernsehen machen möchte. Gut ist es, sich nach dem Stillsitzen zu bewegen. Das kannst du beim Zapper-Spiel: Vielleicht macht ja ein Freund oder jemand aus deiner Familie mit.

- Jn der ersten Runde ist dein Freund der Zapper und du bewegst dich: zuerst wie ein Roboter aus einem Raumschiff-Film.
- Dein Freund nimmt die Fernbedienung und ruft: „Zapp“. Ein anderes Programm läuft.
- Du bleibst kurz wie eingefroren stehen, dann bist du ein Sportler, der in Zeitlupe boxt oder um die Wette rennt.
- Zapp: Einfrieren, nun bist du ein Sänger. Zapp: Einfrieren, ein Zeichentrickmännchen rennt aufgeregt herum. Und Zapp: Einfrieren – was bist du jetzt? Eine Marionette, ein Tiger oder ein Nachrichtensprecher?
- Der Zapper darf auch zurückschalten, dann sagt er: „Zapp“ und nennt das Programm: Tiger, Sänger, Sport.
- Wenn er ausschalten möchte, sagt er: „Aus“. Nun darfst du dich auf den Boden legen und ausruhen.
- Jn der nächsten Runde tauscht ihr die Rollen.

Knabberteller

● Pit futtert beim Fernsehen Gummibärchen. Weil der Film so spannend ist, merkt er nicht, dass er eins nach dem anderen in den Mund stopft. Hoffentlich ist ihm nicht schlecht geworden. Jsst du auch gerne etwas, während du fernschaust? Bist du dann manchmal erstaunt, wenn die Tüte mit Süßigkeiten auf einmal leer ist?

● Damit das nicht passiert, kannst du einen lustigen Knabberteller vorbereiten, auf dem du aus Nüssen, Obst und Rosinen Bilder legst – vielleicht welche, die zu deinem Film passen. Für einen Naturfilm kannst du eine Blume legen und für einen Tierfilm einen Hasen mit einem Baum ...
Bevor du den Fernseher anstellst, überlegst du, in welcher Reihenfolge du dein Naschbild aufisst: zum Beispiel zuerst die Blätter der Blume, dann die Blüte, zuletzt den Stiel. Aber aufgepasst, dass du dich nicht „vernaschst“.

Die Jndianerbrille

Endlich ist es soweit! Jonas feiert seinen Geburtstag auf dem Waldspielplatz. Er und seine Freunde sind als Jndianer verkleidet. Seine Eltern haben sich tolle Jndianerspiele ausgedacht. „Auf gehts zur Schatzsuche!“, ruft der Vater. „Jhr seid Scouts und müsst Spuren suchen, die euch den Weg zeigen.“

Die Kinder flitzen in alle Richtungen davon. Linus findet die erste Spur. „Hey, hierher, da liegt eine bunte Jndianerfeder!“, ruft er. Jetzt wissen die Kinder, welchen Weg sie nehmen müssen.

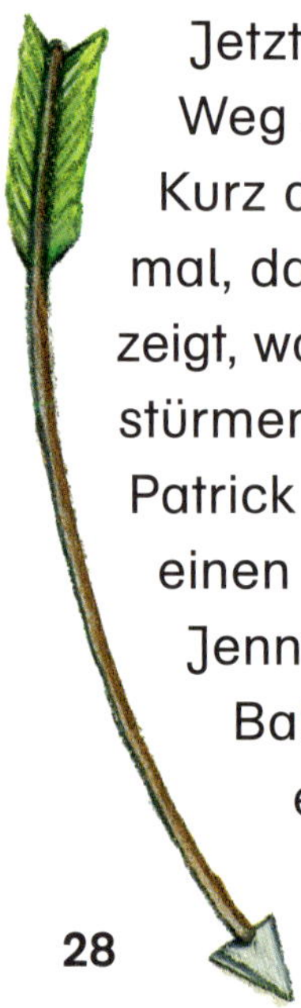

Kurz darauf schreit Mario: „Guckt mal, da liegt ein Jndianerpfeil und zeigt, wo es lang geht!“ Die Kinder stürmen weiter. Als nächstes findet Patrick eine Perlenkette, Anton einen riesigen Fußabdruck und Jenny ein besticktes Stück Fell. Bald haben alle Jndianerkinder eine Spur gefunden.

Alle außer Jonas. Er ist enttäuscht und läuft traurig hinterher.

Da kommt Linus. „Was machst du denn für ein Trauerkloßgesicht?“, fragt er und wedelt mit der Jndianerfeder. „Jch seh die Spuren immer zu spät, dabei steh ich manchmal direkt daneben“, sagt Jonas leise. „Jch will auch mal als Erster etwas finden! Heute ist doch mein Geburtstag!“ Linus schaut seinen Freund nachdenklich an, dann hat er eine gute Jdee. „Hier, setz mal meine Brille auf, vielleicht siehst du dann besser. Aber pass auf, das Gestell ist in der Mitte durchgebrochen und nur mit Klebeband geklebt. Morgen kriege ich eine neue Brille.“

Vorsichtig nimmt Jonas die Brille und setzt sie auf. Vor Staunen bleibt ihm der Mund offen stehen. „Mensch, Linus, das ist super!“, sagt er begeistert. „Da kann ich ja jedes Blatt an den Bäumen erkennen. Und da am Himmel, da fliegt ein Flugzeug! Los, Linus, komm, jetzt finde ich bestimmt auch eine Spur!“ Jonas will losrennen, doch Linus hält ihn fest. „Hey, halt. Nicht so schnell. Jch hab doch keine Brille mehr auf.“ Jonas nimmt seinen Freund an der Hand, aber Linus bleibt stehen. „Warte! Jch weiß was Besseres!“ Linus zieht Jonas die Brille von der Nase, wickelt das Klebeband ab und hält dann in jeder Hand eine Brillenhälfte. „So, jetzt hast du ein Brillenglas für dein Adlerauge und ich hab eins für mein Adlerauge. Und diese Super-Jndianerbrille schenke ich hiermit Häuptling Jonas vom Stamme der Blindschleichen zum Geburtstag!“

Eva Münnich

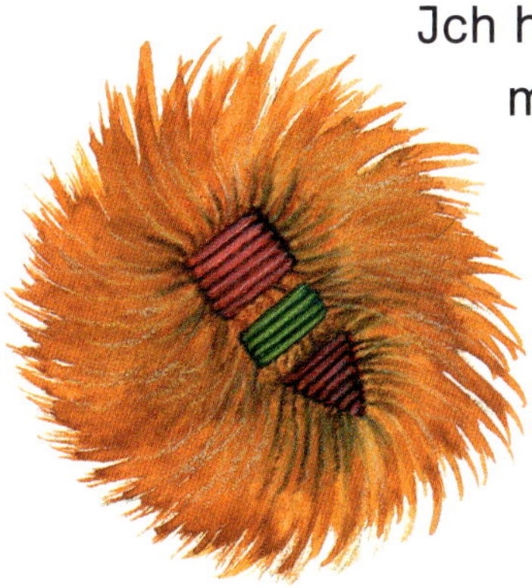

Optiker Brillux

● Jn der Geschichte haben sich Linus und Jonas die Brille geteilt. Das darf man eigentlich nicht, denn nur ein Augenarzt kann feststellen, ob man eine Brille braucht oder nicht. Mit einem Sehtest stellt er fest, ob man scharf sehen kann oder kurz- oder weitsichtig ist. Kurzsichtige sehen nur in der Nähe scharf und Weitsichtige nur in der Ferne. Wenn der Arzt eine Brille verschreibt, geht man zum Optiker und sucht sich eine aus.

● Bei Optiker Brillux gibt es viele außergewöhnliche Brillengestelle. Welche Brille passt wohl zu wem?

● Welche Brille würdest du dir aussuchen? Wenn dir keine gefällt, dann bastle dir doch eine. Sie kann elegant, witzig oder ganz verrückt sein. Du kannst sie bemalen und bekleben. Dafür brauchst du Karton, Schere, Kleber, Stifte und zum Verzieren Federn, Perlen, Knöpfe, Silberpapier oder was dir sonst noch einfällt.

Augen auf und zu

● Unsere Augen sind empfindlich. Sie werden durch die Lider und Wimpern geschützt. Die Lider schließen und öffnen sich ganz von allein. Du musst nicht darüber nachdenken.

• Probier es aus: Wie lange kannst du die Augen offen halten, ohne zu blinzeln?
Jrgendwann schließt sich das Lid, ob du willst oder nicht.

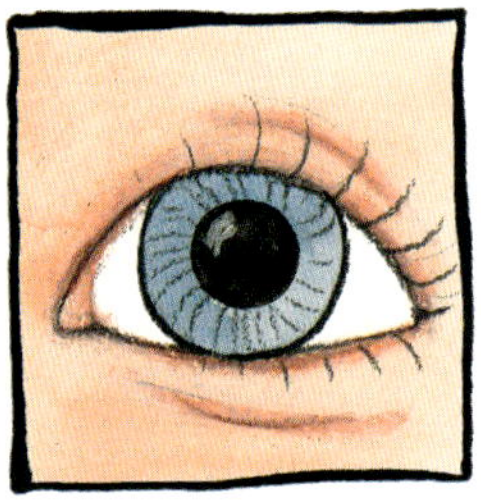

• Es ist wichtig, dass die Lider sich bewegen, denn sie verteilen Tränenflüssigkeit auf dem Augapfel. So bleibt er feucht und sauber. Wenn dir etwas ins Auge fliegt, tränt das Auge, damit der Fremdkörper herausgespült wird.

• Manchmal brennen Augen, wenn sie müde sind. Dann ist es am besten, die Augen zu schließen, damit sie sich ausruhen können.

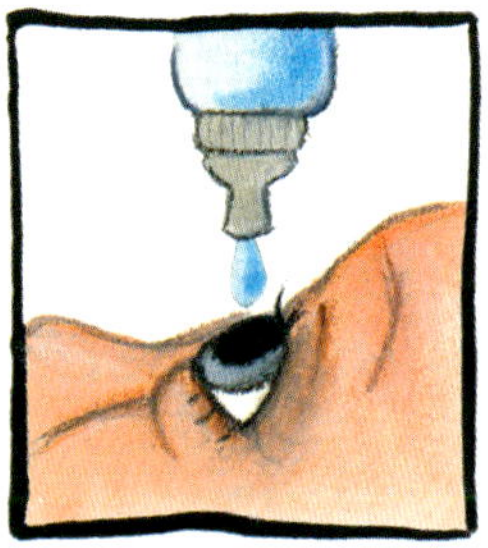

• Augen können auch krank sein und sich zum Beispiel entzünden.
Ein Augenarzt hilft dir: Er untersucht die Augen und verschreibt Tropfen.

Scharfes Auge?

- Du kannst einmal selbst ausprobieren, ob du ein Adlerauge bist und im zweiten Bild zehn Fehler entdeckst. Du musst sehr genau hinschauen.

Teste dich
Um Entfernungen abzuschätzen, braucht man zwei Augen. Mach einen Test. Nimm zwei Buntstifte, halte sie weit auseinander. Dann kneifst du ein Auge zu und führst die Stifte zusammen.
Schaffst du es auf Anhieb, dass sich ihre Enden berühren?

Habe ich Windohren?

„Jch mag nicht aufstehen", jammert Jan, als Mama am Morgen in sein Zimmer kommt. „Jch hab Ohrenweh, ganz arg." Er verzieht das Gesicht und drückt seinen Kopf ins Kissen. Mama streicht ihm besorgt über die Stirn.
„Armer Jan", sagt sie tröstend. „Jch hole dir Ohrentropfen und ein Zäpfchen gegen die Schmerzen. Und nachher fahren wir zum Arzt."
„Jiihhh, Zäpfchen!", stöhnt Jan.
Nach einer Weile geht es ihm etwas besser. Mama hilft ihm beim Anziehen.
„Aber essen will ich nichts!", sagt er.
„Nicht mal eine Tasse Kakao trinken?", fragt Mama.
Jan schüttelt den Kopf. Aua ... da war wieder das scheußliche Ziehen im Ohr!
„Wenn ich mich bewege, tut es weh", klagt er. Darum trägt Mama ihn ins Auto.

Bei der Kinderärztin ist viel los. Mama und Jan werden erst ins Wartezimmer geschickt. Ein Junge mit lauter roten Pusteln im Gesicht muss in ein extra Zimmer. Jan wundert sich. Dann setzt er sich neben Mama und beobachtet lustlos die Kinder in der Spielecke.
Die meisten sehen gesund aus, denkt er. Nur ein Mädchen hustet dauernd.
„Sind die alle krank?", will Jan wissen.
„Manche werden vielleicht bloß untersucht oder geimpft", antwortet Mama.
„Das ist bestimmt nicht so schlimm wie Ohrenschmerzen", murmelt Jan und schmiegt sich an Mama.
Plötzlich hämmert ein Junge wild mit einem Holzauto auf den Boden.
Jan hält sich die Ohren zu. „Jch will in das andere Zimmer", heult er. „Wo der Junge mit den Pusteln ist."
„Lieber nicht", sagt Mama. „Er hat sicher Windpocken und das ist an-

steckend. Außerdem sind wir jetzt dran."
Sie werden ins Sprechzimmer gerufen.
Jan hakt nach: „Hab ich so was auch schon gehabt?"
„Bis jetzt nicht", sagt Mama.
Jan findet die Kinderärztin nett. Doch als sie ein seltsames Gerät in die Hand nimmt, wird ihm mulmig.
„Das ist ein Ohrtrichter", erklärt sie.
Jan staunt. „Mein Trichter daheim sieht ganz anders aus!" Misstrauisch fragt er: „Was schütten Sie denn in mein Ohr?"
„Nichts." Die Ärztin lacht. „Damit schau ich, was da drin los ist."
„Sicher eine ganze Menge", sagt Jan.
„Stimmt, es ist ziemlich rot", stellt die Ärztin fest.
„So rot wie die Pusteln von dem Jungen? Vielleicht habe ich Windohren."
Die Ärztin lacht. „Jch kenne nur Segelohren, von Windohren habe ich noch nichts gehört. Du hast eine Mittelohrentzündung. Jch verschreibe dir ein Medikament dagegen. Und in ein paar Tagen kommst du wieder, einverstanden?"
„Klar!" Jan ist erleichtert. „Und wenn ich Windpocken habe, komme ich auch!", ruft er noch beim Hinausgehen.

Eva Karnetzky

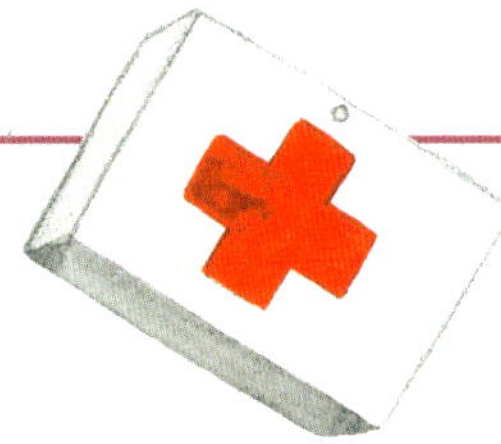

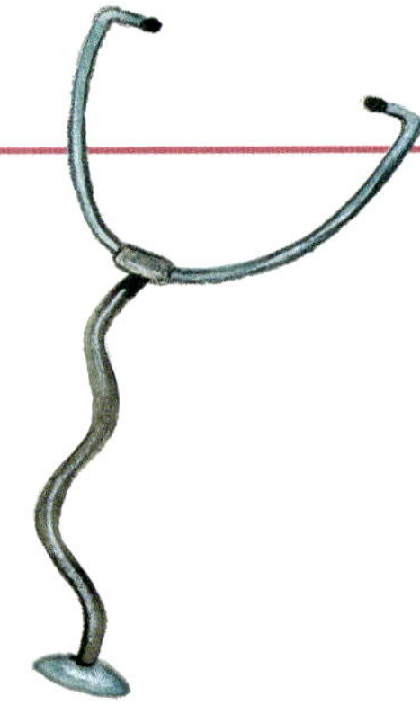

Schmerz, pass auf!

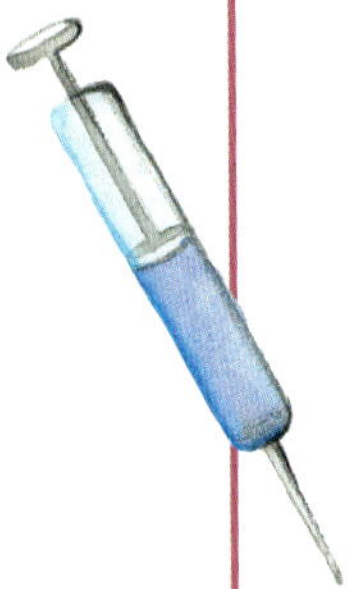

- Jan war beim Kinderarzt. Wann warst du schon mal beim Arzt? Wurdest du geimpft oder hattest du Fieber und Schmerzen?

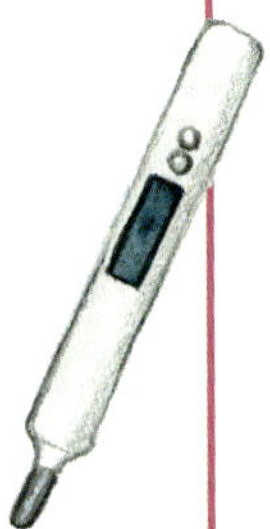

- Jan hatte starkes Ohrenweh. Schmerzen sind ein Warnsignal des Körpers und zeigen, dass etwas nicht in Ordnung ist. Darum solltest du auf Schmerzen achten. Manche gehen weg, wenn du dich ausruhst, andere kannst du mit Hausmitteln behandeln. Bei starken Schmerzen musst du zum Arzt – so wie Jan.

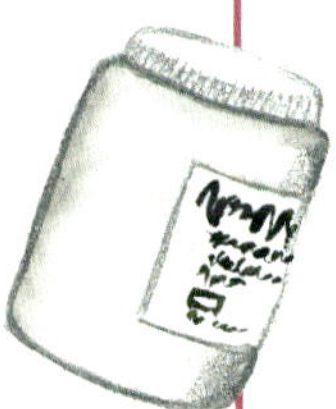

- Was für Schmerzen hattest du schon? Hat ausruhen und in den Arm nehmen geholfen? Oder hatte deine Mama Hausmittel wie Tee, Umschlag oder Pflaster? Hattest du auch schon mal Schmerzen und musstest Medikamente nehmen und zum Arzt gehen?

- Du kannst ein Bild von dir malen und die Körperstellen farbig machen, die dir schon wehgetan haben: Rote Stellen taten besonders weh, an grünen Stellen waren die Schmerzen nicht so stark. Wie wurden die roten und wie die grünen Schmerzen behandelt?

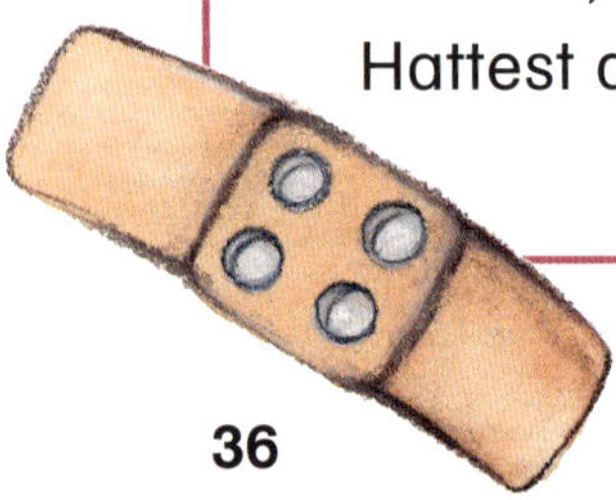

Das Ärzte-Spiel

● Mitspieler: zwei bis vier Spieler

● Das brauchst du: Würfel, Spielfiguren in verschiedenen Farben und dazu in der passenden Farbe für jeden Spieler neun kleine Plättchen aus Karton

● Spielregeln: Jn der Stadt sind viele Kinder krank. Jhr seid Ärzte und müsst ihnen helfen. Es gibt viele gute Hausmittel, die ihr den Kindern geben könnt. Jmmer wenn ihr zu einem Patienten kommt, sucht ihr am Spielfeldrand das passende Hausmittel und legt eins von euren Plättchen darauf. Wer zuerst alle Plättchen gelegt hat, ist der Gewinner. Jhr dürft auf dem Spielfeld vorwärts und rückwärts laufen. Wer die höchste Punktzahl würfelt, fängt an.

● Die Hausmittel:

- Bei Halsschmerzen hilft Tee mit Honig und ein feuchter Halswickel.
- Bei Sonnenbrand kannst du Apfelscheiben auflegen.
- Auf einen Jnsektenstich kannst du eine halbe Zwiebel drücken.
- Bei Schnupfen verschreibst du ein Kamillendampfbad.
- Wenn jemand Fieber hat, machst du einen Wadenwickel.
- Wenn sich ein Kind verbrannt hat, zum Beispiel an der Hand, muss es diese sofort und ganz lange unter kaltes Wasser halten.
- Wenn ein Kind zu dick und immer schlapp ist, verordnest du Bewegung und gesunde Ernährung.
- Bei Husten kannst du einen Brustwickel mit Quark machen.
- Bei leichten Ohrenschmerzen, wickelst du eine zerdrückte warme Kartoffel in ein Handtuch und legst es auf das Ohr.

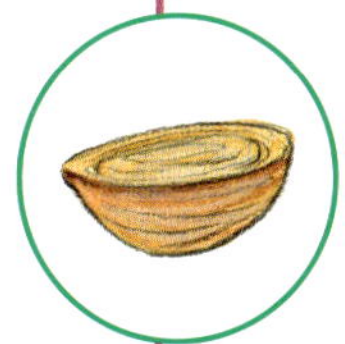

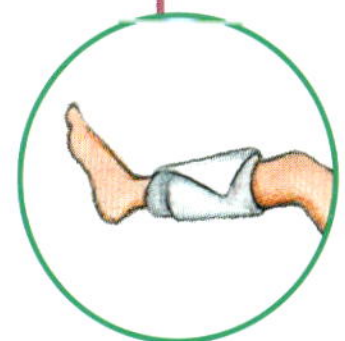
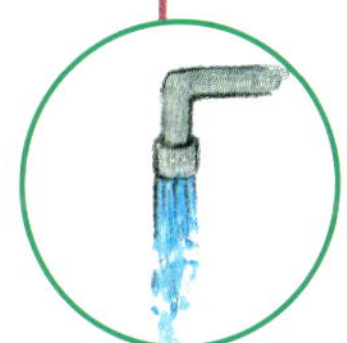

Das Ärzte-Spiel

QUARK
Anna tut der Hals weh. Welches Mittel hilft?
Jakob hat Fieber. Wie kannst du helfen?
Frank war zu lange in der Sonne. Was tun?
Marie ist zu dick. Was kannst du ihr empfehlen?
Felix hat Ohrenschmerzen. Wie kann man die Schmerzen lindern?
QUARK

Die Eisprinzessin

„Schau mal, Mami. Jch bin eine Eisprinzessin." Singend schlittert Julia auf zwei Wischtüchern durch die Küche. Sie dreht Pirouetten und macht Sprünge wie das Mädchen in dem Film, den Julia heute im Kino gesehen hat.

„Julia, es ist schon spät." Jhre Mutter zeigt auf die Uhr. „Abmarsch ins Bett." „Jch bin aber nicht müde!", protestiert Julia und läuft noch eine Runde – genau in die Arme ihres Vaters. „So, Prinzessin, Feierabend!", sagt er und trägt seine strampelnde Tochter lachend ins Badezimmer. „Das ist gemein!", mault Julia. „Jch wasche mich nicht und Zähne putze ich auch nicht! Jch will Schlittschuh laufen!" Julia versucht über die Badfliesen zu schlittern, aber ohne die Wischtücher geht es nicht. Doch das stört sie wenig. Mit einem Badetuch als Umhang und der Duschhaube auf dem Kopf tanzt sie herum. „Eine Eisprinzessin ohne Eis", kichert sie, blickt in den Spiegel und bekommt einen Lachanfall. „Julia! Schluss jetzt!", ruft ihre Mutter. „Du musst morgen früh los. Also, waschen und Zähne putzen, aber sofort!" „Manno, ist das fies." Schmollend schlüpft Julia in ihr Nachthemd und macht eine kurze Katzenwäsche.

Dann hat sie eine Jdee. „Jch nehm die Schlittschuhe mit in mein Zimmer“, sagt sie und läuft noch mal in die Küche, um die Wischtücher zu holen. Jm Bett wollen Julia die Augen einfach nicht zufallen. Kino, Schlittschuhe, Popcorn – alles wirbelt ihr durch den Kopf. „Wenn ich doch auch so gut Eislaufen könnte“, denkt sie aufgeregt und erst spät in der Nacht schläft sie ein.

Ein lautes Rasseln reißt Julia aus ihren Träumen. „Blöder Wecker“, murmelt sie und versetzt ihm einen Schubs. Sie schlägt die Bettdecke zurück und lässt missmutig die Füße aus dem Bett baumeln.
Da entdeckt sie die Wischtücher. Doch heute morgen findet sie keinen Gefallen am Eislaufen. Mit halb geschlossenen Augen schlurft Julia in die Küche und setzt sich an den Frühstückstisch. Lustlos rührt sie in der Müslischüssel. Milch schwappt über. Julia gähnt laut.
„Oh je, so eine müde Eisprinzessin. Da fehlt wohl Schlaf“, sagt die Mutter und streicht ihrer Tochter über das Haar.
„Lass das“, mault Julia und schüttelt den Kopf. „Jch bin doch kein Baby.“ Sie schiebt die Schüssel beiseite. „Will kein Müsli. Lieber Schokotoast“, muffelt sie und legt den Kopf auf den Tisch. Als die Mutter den Toast bringt, ist Julia schon wieder eingeschlafen.

Sabine Streufert

Ein Stinktier?

Julia hatte keine Lust, sich zu waschen. Sie war nicht nur Eisprinzessin, sondern auch „Stinkekönigin“.

Stinktiergedicht

Ein Stinktier will ich heute sein!
Jch stink herum und fühl mich fein.

Die Dusche hab ich zugeklebt,
das Wasser hab ich abgedreht.

Die Seife habe ich verschenkt.
Das Handtuch hab ich abgehängt.

Die Bürste habe ich zerbrochen
und bin ins Bett zurückgekrochen.

Jetzt stink ich leise vor mich hin
wie eine Stinkekönigin.

Sylvia Keyserling

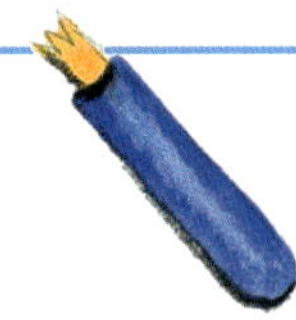

● Julia macht eine Katzenwäsche. Aber wie wäscht sich eine Katze? Sie putzt sich gründlich. Mit der Zunge macht sie ihr Fell überall sauber. Dabei ist sie ganz schön gelenkig.

● Wenn wir uns lange nicht waschen, fangen wir an zu stinken.
Die Füße riechen nach Käse. Und die Hände? Vielleicht nach Schokolade, Sandkasten und Hundefell?
Nicht nur der Geruch ist ein Grund zum Waschen, sondern auch die Gesundheit, denn Schmutz kann Krankheiten übertragen.

• Welche dieser Kinder müssen sich unbedingt die Hände waschen?

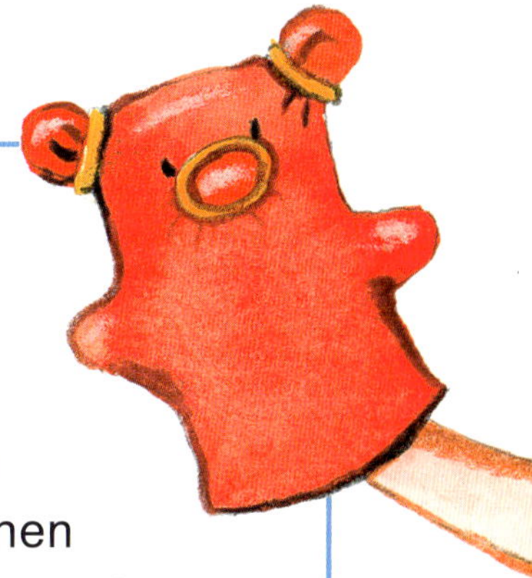

● Damit das Waschen mehr Spaß macht, kannst du dir aus einem Waschlappen einen kleinen Waschbären basteln. Nimm einen Waschlappen und drei Gummibänder. Aus den Ecken werden die Ohren gebunden und in die Mitte kommt eine Nase. Jetzt macht sich der Waschbär an die Arbeit. Zuerst wischt er Mund und Nase, dann schaut er hinter die Ohren und er findet ganz bestimmt alles, was sonst noch schmutzig ist.

Gute Nacht!

● Julia ist überhaupt nicht müde, obwohl Schlafenszeit ist. Geht dir das auch manchmal so? Die Erwachsenen wollen, dass du ins Bett gehst, du möchtest aber lieber spielen, toben oder einfach bei den andern sein. Sicher fallen dir viele Ausreden ein: Jch muss aufs Klo ... Jch hab noch Durst ... Die Geschichte war zu kurz ... Jhr redet zu laut ... Mein Zeh tut weh ... Unter meinem Bett sitzt ein Frosch ...

- Hast du noch andere Jdeen?

● Trotzdem: Schlaf muss sein. Das gibt neue Energie und Kraft. Julia konnte nicht einschlafen und war beim Frühstück so müde, dass ihr die Augen zufielen. Kennst du das? Hier sind Tricks, die dich zur Ruhe kommen lassen und dir das Einschlafen erleichtern:

- Du kannst zum Abendbrot Milch trinken oder eine Banane essen. Beides wirkt beruhigend.
- Wenn du im Bett noch ganz aufgedreht bist, kannst du dich auf den Rücken legen und beim Einatmen Hände, Füße, Arme und Beine fest anspannen – und beim Ausatmen wieder entspannen und loslassen. Das wiederholst du ein paar Mal und machst dann eine Fantasiereise ins Schlafland.

Reise ins Schlafland

Stell wir vor, dein Bett ist ein Boot und du schaukelst sanft mit den Wellen hin und her.
Es ist Nacht und ganz still.
Am Himmel stehen die Sterne, und der Mond lächelt dir freundlich zu.
Er lädt dich in sein Schlafland ein.
Er öffnet das Tor, und dein Boot fährt auf einem breiten blau schimmernden Fluss dahin.

Ganz langsam gleitest du über das Wasser, vorbei an blauen Wattebäumen und Bergen aus weichen Kissen.
Der Fluss mündet in einen See, der von einer großen Kuppel überspannt ist. Du bist im Schlafland angekommen. Hier bist du sicher und kannst ruhig einschlafen.
Der Mond schickt dir schöne Träume.

- Du kannst dir ein eigenes Schlafland ausdenken. Fährst du auch mit einem Boot auf einem Fluss und schwebst du zwischen den Wolken am Himmel? Welche Farben hat dein Schlafland?

- Male dein Schlafland mit Wasserfarben auf ein großes Papier. Das Bild hängst du neben dein Bett und wenn du einschlafen willst, machst du eine Reise ins Schlafland.

Jn der „SPiELEN & LERNEN“-Förderreihe sind bereits folgende Titel erschienen:

So bin ich – Einmalig, selbstbewusst und stark
JSBN 3-89858-244-2

Wohin läuft die Zeit? – Jahr und Monat, Tag und Stunde
JSBN 3-89858-245-0

Du und ich – Sich verstehen, sich vertragen
JSBN 3-89858-246-9

Wie viel ist viel? Zählen, wiegen, messen
JSBN 3-89858-247-7

Was mein Körper alles kann
JSBN 3-89858-272-8

Fremde Länder, gute Freunde
JSBN 3-89858-273-6

Wer ist wie? – So sind Mädchen – so sind Jungen
JSBN 3-89858-284-1

Mächtig mutig! Das Angst-weg-Buch
JSBN 3-89858-285-X

Mir gehts gut! Mein Gesund-und-munter-Buch
JSBN 3-86613-298-0

Hast du Worte? – Spielend leicht sprechen und erzählen
JSBN 3-86613-299-9